# BEI GRIN MACHT SICH IHR WISSEN BEZAHLT

- Wir veröffentlichen Ihre Hausarbeit, Bachelor- und Masterarbeit

- Ihr eigenes eBook und Buch - weltweit in allen wichtigen Shops

- Verdienen Sie an jedem Verkauf

Jetzt bei www.GRIN.com hochladen und kostenlos publizieren

**Bibliografische Information der Deutschen Nationalbibliothek:**

Die Deutsche Bibliothek verzeichnet diese Publikation in der Deutschen National-bibliografie; detaillierte bibliografische Daten sind im Internet über http://dnb.d-nb.de/ abrufbar.

Dieses Werk sowie alle darin enthaltenen einzelnen Beiträge und Abbildungen sind urheberrechtlich geschützt. Jede Verwertung, die nicht ausdrücklich vom Urheberrechtsschutz zugelassen ist, bedarf der vorherigen Zustimmung des Verla-ges. Das gilt insbesondere für Vervielfältigungen, Bearbeitungen, Übersetzungen, Mikroverfilmungen, Auswertungen durch Datenbanken und für die Einspeicherung und Verarbeitung in elektronische Systeme. Alle Rechte, auch die des auszugsweisen Nachdrucks, der fotomechanischen Wiedergabe (einschließlich Mikrokopie) sowie der Auswertung durch Datenbanken oder ähnliche Einrichtungen, vorbehalten.

**Impressum:**

Copyright © 2017 GRIN Verlag
Druck und Bindung: Books on Demand GmbH, Norderstedt Germany
ISBN: 9783668678873

**Dieses Buch bei GRIN:**

https://www.grin.com/document/418502

Finja Volker

# Entgeltfortzahlungsgesetz. Ein Überblick

GRIN Verlag

**GRIN - Your knowledge has value**

Der GRIN Verlag publiziert seit 1998 wissenschaftliche Arbeiten von Studenten, Hochschullehrern und anderen Akademikern als eBook und gedrucktes Buch. Die Verlagswebsite www.grin.com ist die ideale Plattform zur Veröffentlichung von Hausarbeiten, Abschlussarbeiten, wissenschaftlichen Aufsätzen, Dissertationen und Fachbüchern.

**Besuchen Sie uns im Internet:**

http://www.grin.com/

http://www.facebook.com/grincom

http://www.twitter.com/grin_com

Campe Bildungszentrum Hannover gGmbH
Fachbereich Betriebswirtschaft

# H A U S A R B E I T

im Rahmen der Lehrveranstaltung

Rechtliche Aspekte der Personalarbeit

<u>Thema</u>

**Entgeltfortzahlungsgesetz: Ein Überblick**

Finja Volker

Klasse BW 2016VZ

Datum der Abgabe: 29.11.2017

# Inhaltsverzeichnis

1. Einleitung ................................................................. 3
2. Die Entstehungsgeschichte des Entgeltfortzahlungsgesetzes .......... 3
3. Anspruchsvoraussetzungen ........................................... 3
    3.1 Wartefrist .......................................................... 3
    3.2 Wer hat einen Anspruch? ......................................... 4
    3.3 Arbeitgeberwechsel ............................................... 4
    3.4 Unverschuldete Arbeitsunfähigkeit ............................... 4
4. Leistungen ............................................................... 5
5. Die Anzeige- und Nachweispflichten des Arbeitnehmers ............. 5
    5.1 Benachrichtigungspflicht ......................................... 5
    5.2 Inhalt der Mitteilung .............................................. 6
    5.3 Adressat der Mitteilung ........................................... 6
    5.4 Fortdauer der Arbeitsunfähigkeit ................................. 7
    5.5 Erkrankung im Ausland ........................................... 7
    5.6 Verletzung der Nachweispflicht .................................. 7
6. Die Rechte des Arbeitgebers bei Zweifeln an der Arbeitsunfähigkeit des Arbeitnehmers ........................................................... 8
    6.1 Einschaltung des Medizinischen Dienstes der Krankenversicherung ... 8
    6.2 Verweigerung der Entgeltfortzahlung ............................ 8
7. Entgeltfortzahlungspflicht bei Kuren ................................. 9
    7.1 Anspruchsvoraussetzungen ...................................... 9
    7.2 Mitteilungspflichten .............................................. 9
    7.3 Schonungszeiten .................................................. 9
8. Entgeltzahlung an Feiertagen ........................................ 10
    8.1 Begriff Feiertag .................................................. 10
    8.2 Anspruch ......................................................... 10
    8.3 Höhe des Feiertagsentgelts ..................................... 10
    8.4 Arbeitsausfall an Feiertagen aus anderen Gründen ............. 10
    8.5 Feiertag und Krankheit .......................................... 11
    8.6 Feiertag und Kurzarbeit ......................................... 11

Quellenverzeichnis ........................................................ 12

# 1. Einleitung

Die Entgeltfortzahlung ist ein Kernstück der sozialen Sicherung. Bislang hat sie sich für die Einkommenssicherung der erkrankten Arbeitnehmer/innen bewährt.

Das Entgeltfortzahlungsgesetz (im Folgenden abgekürzt als EFZG) ist eine Absicherung für alle Arbeitnehmer/innen in einem Krankheitsfall. Durch dieses Gesetz sollen soziale Härten vermieden werden. Besonders die chronisch kranken oder behinderten Angestellten, sind auf diese Absicherung, soweit sie häufiger arbeitsunfähig werden, angewiesen.

# 2. Die Entstehungsgeschichte des Entgeltfortzahlungsgesetzes

Das Entgeltfortzahlungsgesetz sollte die erste einheitliche Regelung der Entgeltfortzahlung in der Geschichte des deutschen Arbeitsrechts darstellen. Am 24.06.1993 legten erstmals die Fraktionen der CDU/CSU und der FDP einen Entwurf des Entgeltfortzahlungsgesetzes dem Bundestag vor. Durch diesen Entwurf sollte zunächst die Ungleichbehandlung zwischen verschiedenen Arbeitnehmergruppen in alten Bundesländern beseitigt und die Rechtslage in den alten sowie neuen Bundesländern vereinheitlicht werden. Das Entgeltfortzahlungsgesetz trat am 01.06.1994 in Kraft.

Gegenüber der vorherigen Rechtslage brachte das Entgeltfortzahlungsgesetz folgende wesentliche Änderungen:

- Die Unterscheidung zwischen Arbeiter und Angestellten ist entfallen (§ 1 Abs. 2 EFZG)
- Die geringfügig beschäftigten Arbeitnehmer wurden von der Entgeltfortzahlung im Krankheitsfall nicht mehr ausgenommen (§ 1 Abs. 2 TzBfG)
- Vereinheitlichung der Anzeige- und Nachweispflicht für alle Arbeitnehmer

# 3. Anspruchsvoraussetzungen

## 3.1 Wartefrist

Nach § 3 Abs. 3 EFZG wird dem Arbeitnehmer ein Anspruch auf Entgeltfortzahlung im Krankheitsfall erst nach Ablauf einer vierwöchigen Wartefrist gewährt. Die Berechnung der Wartefrist ergibt sich aus dem §§ 186 ff. BGB. Die Wartezeit beginnt an dem Tag, an dem der Arbeitnehmer laut Arbeitsvertrag die Arbeit aufzunehmen hat. Hierbei kommt es nicht darauf an, ob der Arbeitnehmer tatsächlich tätig wird. Es kann tarifvertraglich vereinbart werden, dass die Wartezeit entfällt. „Die Frist endet vier Wochen später mit Ablauf des Tages, der nach seiner Benennung dem Tag vorausgeht, der dem Tag der vereinbarten Arbeitsaufnahme entspricht."[1]

---

[1] Vgl. Enderle da Silva, Kristina https://www.haufe.de/personal/personal-office-premium/entgeltfortzahlunganspruch-14-wartefrist_idesk_PI10413_HI569777.html, Aufgerufen am 26.11.2017

Ein Beispiel: Der Arbeitsvertrag wurde im Februar abgeschlossen. In diesem wurde vereinbart, dass die Arbeitsaufnahme am Dienstag, den 1.April beginnt. Die vier Wochenfrist nach § 3 Abs. 3 EFZG läuft vom Dienstag, den 1. April (24 Uhr) bis Montag, den 28. April (24 Uhr).

Nach Ansicht des Bundesarbeitsgerichts (BAG) beginnt bei kurzzeitigen Unterbrechungen nicht zwingend eine neue Wartefrist mit der Wiedereinstellung des Arbeitnehmers. Dies soll erfolgen, wenn zwischen einem beendeten und einem neubegründeten Arbeitsverhältnis zum selben Arbeitgeber ein sachlicher, zeitlicher und enger Zusammenhang besteht. Nach Rechtsprechung wird die Berufsausbildung und ein anschließender Arbeitsvertrag zusammengerechnet.

Der Anspruch auf Entgeltfortzahlung gegen den Arbeitgeber entfällt, wenn der Arbeitnehmer während der Wartefrist erkrankt. Wenn der erkrankte Arbeitnehmer jedoch in der gesetzlichen Krankenversicherung versichert ist und die Beschäftigung schon aufgenommen hat, erhält er stattdessen Krankengeld (§§ 44 Abs. 1, 49 Abs. 1 Satz 1 SGB V).

Wenn die Erkrankung des Arbeitnehmers über die Wartefrist hinaus dauert, hat er ab Beginn der fünften Woche des Arbeitsverhältnisses einen Anspruch auf Entgeltfortzahlung im Krankheitsfall nach § 3 Abs. 1 EFZG. Ab diesem Tag entsteht ein Entgeltfortzahlungsanspruch, ggf. für die Dauer von sechs Wochen, nach § 3 Abs. 2 EFZG.

**3.2  Wer hat einen Anspruch?**
Alle Arbeitnehmer in der Bundesrepublik Deutschland haben grundsätzlich einen Anspruch auf die Entgeltfortzahlung des Arbeitgebers bis zu sechs Wochen. Dies ist unabhängig vom Umfang der wöchentlichen oder monatlichen Arbeitszeit, die der Arbeitnehmer leistet.

**3.3  Arbeitgeberwechsel**
Unbedeutend ist bei einem Arbeitgeberwechsel, ob und wie lange der Arbeitnehmer bei seinem früheren Arbeitgeber arbeitsunfähig war. Mit jedem neuen Arbeitsverhältnis beginnt ein neuer Anspruch auf Entgeltfortzahlung im Krankheitsfall. Allerdings gilt dieser Anspruch erst, nachdem das neue Arbeitsverhältnis vier Wochen lang besteht.

**3.4  Unverschuldete Arbeitsunfähigkeit**
Anspruch auf Entgeltfortzahlung hat lediglich, wer die Arbeitsunfähigkeit nicht selbstständig verschuldet hat. Entgeltansprüche werden durch eine selbstverschuldete Arbeitsunfähigkeit ausgeschlossen. „Eigenes Verschulden im Sinne des Gesetzes liegt vor, wenn die Arbeitsunfähigkeit auf einen groben Verstoß gegen das von einem verständigen Menschen im eigenen Interesse zu erwartende Verhalten zurückzuführen ist."

Wenn dies der Fall ist, wäre es ungerechtfertigt, den Arbeitgeber für die Folgen des grob fehlerhaften Verhaltens verantwortlich zu machen. Kommt es zu einem Streitfall, muss der Arbeitgeber das Verschulden darlegen und beweisen.

Die selbstverschuldete Arbeitsunfähigkeit liegt vor bei:
- Verletzungen durch einen Verkehrsunfall, aufgrund von Trunkenheit oder grob fahrlässigem Verhalten im Straßenverkehr.
- Verletzungen durch einen Arbeitsunfall, aufgrund vorsätzlicher/ grob fahrlässiger Verstöße gegen die Unfallverhütungsvorschriften des Betriebes.
- Verletzungen bei einer Nebentätigkeit, die besonders gefährlich ist / die Kraft des Arbeitnehmers überschreiten.
- Verletzungen bei einer Rauferei, die selbstprovoziert ist.

## 4. Leistungen

In § 4 des Entgeltfortzahlungsgesetzes wird die Höhe des fortzuzahlenden Arbeitsentgelts geregelt. „Die Höhe des Entgeltfortzahlungsanspruchs richtet sich nach der Vergütung, die der Arbeitnehmer normalerweise (ohne Arbeitsunfähigkeit) erhalten hätte."[2]

Im Krankheitsfall oder bei notwendigen Kuren erhält jeder Arbeitnehmer 100% des Arbeitsentgeltes. Ausgeschlossen von der Entgeltfortzahlung ist das gezahlte Arbeitsentgelt für Überstunden. Zur Berechnung der Entgeltfortzahlung werden folgende Vergütungsbestandteile berücksichtigt:

- Effektiv gezahlte Grundbezüge (z.b. Monatsgehalt, Wochen-, Stunden-, Tages-, Akkordlohn)
- Zulagen (z. B. Nacht-, Sonntags-, Feiertagsarbeit, Gefahren, Erschwernisse)
- Vermögenswirksame Leistungen
- Provisionen (z. B. Umsatz- und Abschlussprovision)
- Lohnerhöhungen bzw. Lohnminderungen

Die Sondervergütungen können für Zeiten der Arbeitsunfähigkeit vom Arbeitgeber gekürzt werden, wenn dies in einem Tarifvertrag, einer Betriebsvereinbarung oder einzelvertraglich geregelt ist. Für jeden Tag der Arbeitsunfähigkeit infolge einer Krankheit, darf die Kürzung höchstens ein Viertel des Arbeitsentgelts betragen, welches im Jahresdurchschnitt auf einen Arbeitstag entfällt.

## 5. Die Anzeige- und Nachweispflichten des Arbeitnehmers

### 5.1 Benachrichtigungspflicht

Jeder Arbeitnehmer ist nach § 5 Abs. 1 Satz 1 EFZG dazu verpflichtet, seinem Arbeitgeber unverzüglich (Legaldefinition des §121 Abs. 1 BG, „ohne schuldhaftes Zögern") die Arbeitsunfähigkeit sowie deren voraussichtliche Dauer mitzuteilen. Hierbei muss keine Form eingehalten werden. In der Regel

---

[2] Vgl. https://www.bmas.de/SharedDocs/Downloads/DE/PDF-Publikationen/a164-entgeltfortzahlung-bei-krankheit-und-an-feiertagen.pdf?__blob=publicationFile, Folie 18, Aufgerufen am 23.11.2107

wird dies mündlich / fernmündlich mitgeteilt. Sobald die Arbeitsunfähigkeit länger als drei Kalendertage dauert, muss der Arbeitnehmer eine ärztliche Bescheinigung über das Bestehen der Arbeitsunfähigkeit, sowie die voraussichtliche Dauer dem Arbeitgeber spätestens am darauffolgenden Arbeitstag vorlegen (§ 5 Abs. 1 Satz 2 EFZG).

Der Arbeitnehmer ist jedoch nicht dazu verpflichtet, dem Arbeitgeber die Art der Erkrankung und die Symptome mitzuteilen.

### 5.2 Inhalt der Mitteilung

Der Arbeitnehmer ist dazu verpflichtet, dem Arbeitgeber mitzuteilen, dass er infolge einer Krankheit arbeitsunfähig ist. Ist es dem Arbeitnehmer nicht rechtzeitig möglich gewesen einen Arzt aufzusuchen, muss er vorab den Arbeitgeber auf Grundlage seiner eigenen Diagnose darüber informieren. Auf dieser Grundlage muss der Arbeitnehmer die voraussichtliche Dauer der Arbeitsunfähigkeit mitteilen, damit der Arbeitgeber dementsprechend disponieren kann.

Wenn eine ärztliche Prognose erheblich abweicht, muss der Arbeitnehmer den Arbeitgeber auch hierüber informieren (§ 5 Abs. 1 Satz 4 EFZG).

### 5.3 Adressat der Mitteilung

Die Mitteilung ist an den Arbeitgeber bzw. eine insoweit als sein Vertreter handelnde Person zu adressieren. Hierfür kommt die zuständige Personalsachbearbeiterin bzw. die Personalabteilung oder unter Umständen der direkte Vorgesetzte in Betracht. Bei den direkten Vorgesetzen spielt allerdings die Stellung im Betrieb eine wichtige Rolle. Vorgesetzte die eine untergeordnete Funktion haben, die im Wesentlichen der Erfüllung arbeitstechnischer Zwecke dient, z. B. Vorarbeiter, sind nicht befugt, die Mitteilung nach § 5 Abs. 1 EFZG entgegen zu nehmen.

Folgender Personenkreis ist außerdem nicht zur Entgegennahme von Mitteilungen befugt: Betriebsräte, Telefonisten, Pförtner oder Arbeitskollegen. Der Arbeitnehmer hat aber die Möglichkeit den genannten Personenkreis als Boten in Anspruch zu nehmen. Allerdings trägt hierbei der Arbeitnehmer das alleinige Risiko, dass die Mitteilung durch Boten nicht oder nicht vollständig weitergegeben wird.

Leiharbeitnehmer müssen die Mitteilung an den Verleiher und nicht an den Entleiher einreichen. Je nach Ausgestaltung des Überlassungsvertrages ist es Sache des Verleihers, dem Entleiher eine Ersatzkraft zur Verfügung zu stellen bzw. ihm von der Arbeitsunfähigkeit des Arbeitnehmers zu informieren.

## 5.4 Fortdauer der Arbeitsunfähigkeit

Wenn die Arbeitsunfähigkeit länger dauert, als in der Bescheinigung angegeben ist, ist der Arbeitnehmer dazu verpflichtet, dem Arbeitgeber eine neue ärztliche Bescheinigung vorzulegen (§ 5 Abs. 1 Satz 4 EFZG).

Aus dem Gesetz ist nicht unmittelbar zu entnehmen, ob der Arbeitnehmer dazu verpflichtet ist, die fortdauernde Arbeitsunfähigkeit anzuzeigen und bis wann die neue ärztliche Bescheinigung vorliegen muss. Um ein sachgerechtes Ergebnis zu erlangen, kann hier der § 5 Abs. 1 Satz 1-3 EFZG analog angewendet werden. Sobald dem Arbeitnehmer bekannt wird, dass die Arbeitsunfähigkeit länger andauert als in der ärztlichen Arbeitsunfähigkeitsbescheinigung angegeben ist, muss er dies dem Arbeitgeber unverzüglich mitteilen. Die neue ärztliche Arbeitsunfähigkeitsbescheinigung muss dem Arbeitgeber spätestens am vierten Tag nach dem ursprünglich bescheinigten Endtermin der Arbeitsunfähigkeit vorgelegt werden.

## 5.5 Erkrankung im Ausland

Bei einer Erkrankung im Ausland ist der Arbeitnehmer dazu verpflichtet, dem Arbeitgeber die Arbeitsunfähigkeit, deren voraussichtliche Dauer und den Aufenthaltsort unverzüglich mitzuteilen (§ 5 Abs. 2 Satz 1 EFZG). Hierfür trägt der Arbeitgeber die Kosten (§ 5 Abs. 2 Satz 2 EFZG).

Sowohl der Arbeitgeber als auch seine gesetzliche Krankenkasse muss unverzüglich über die Arbeitsunfähigkeit sowie die Dauer informiert werden (§ 5 Abs. 2 Satz 3 EFZG). Dies gilt nach § 5 Abs. 1 Satz 5 auch bei Erkrankungen im Inland. Wenn die Arbeitsunfähigkeit länger als drei Kalendertage dauert, muss der Arbeitnehmer eine ärztliche Bescheinigung vorlegen.

## 5.6 Verletzung der Nachweispflicht

Nach § 5 EFZG sind im wesentlichen zwei Formen der Verletzung der Nachweispflicht denkbar. Zum einen, dass der Arbeitnehmer tatsächlich arbeitsunfähig ist und es lediglich versäumt, dem Arbeitgeber die ärztliche Arbeitsunfähigkeit vorzulegen. Zum anderen, dass der Arbeitnehmer in Wirklichkeit nicht arbeitsunfähig ist und dem Arbeitgeber somit eine erschlichene Arbeitsunfähigkeitsbescheinigung vorlegt.

a) Fehlende Arbeitsunfähigkeitsbescheinigung

Solange der Arbeitnehmer es nur versäumt hat, dem Arbeitgeber (rechtzeitig) die ärztliche Arbeitsunfähigkeitsbescheinigung vorzulegen, folgt ein zeitlich befristetes Leistungsverweigerungsrecht des Arbeitgebers gemäß § 7 Abs. 1 Satz 1 EFZG. Wenn der Arbeitnehmer die Arbeitsunfähigkeitsbescheinigung nachreicht, ist der Arbeitgeber zur Nachzahlung verpflichtet. Eine ordentliche Kündigung kann erfolgen, wenn der Arbeitnehmer zum wiederholten Male die Nachweispflicht verletzt und eine vorausgegangene Abmahnung ignoriert.

b) Erschlichene Arbeitsunfähigkeitsbescheinigung

Erlangt der Arbeitnehmer eine erschlichene Arbeitsunfähigkeitsbescheinigung, kann der Arbeitgeber geleistete Zahlungen nach dem Bereicherungsrecht (§ 812 ff. BGB) zurückverlangen. Hierbei kann sich der Betroffene nicht auf einen Wegfall der Bereicherung beruhen. Darüber hinaus können gemäß § 280 Abs. 1 BGB, sowie aus § 823 BGB in Verbindung mit § 263 StGB dem Arbeitgeber Schadensersatzsprüche zustehen, wenn er einen Dritten beauftragt, z. B. einen Detektiv, den Sachverhalt aufzuklären. Durch die Überwachung muss sich tatsächlich herausstellen, dass der Arbeitnehmer nicht arbeitsunfähig erkrankt ist. In so einem Fall ist es möglich, eine Kündigung, sowohl eine (verhaltensbedingte) ordentliche, als auch eine Kündigung aus wichtigem Grund nach § 626 BGB auszusprechen.

## 6. Die Rechte des Arbeitgebers bei Zweifeln an der Arbeitsunfähigkeit des Arbeitnehmers

### 6.1 Einschaltung des Medizinischen Dienstes der Krankenversicherung

Liegen Zweifel an der Arbeitsunfähigkeit vor, kann der Arbeitgeber vom Medizinischen Dienst der Krankenkasse verlangen, ein Gutachten zu erstellen. Die Krankenkassen sind grundsätzlich dazu verpflichtet, die Zweifel der Arbeitsunfähigkeit zu beseitigen. Ein Zweifel an der Arbeitsunfähigkeit liegt vor, wenn der Arbeitnehmer häufig fehlt, oft nur für eine kurze Zeit arbeitsunfähig ist oder der Beginn der Arbeitsunfähigkeit regelmäßig auf den Beginn bzw. auf das Ende der Woche fällt.

### 6.2 Verweigerung der Entgeltfortzahlung

Die Fortzahlung im Krankheitsfall kann der Arbeitgeber nur dann verweigern, wenn er trotz Vorlage der Arbeitsunfähigkeitsbescheinigung begründete Zweifel hieran hat. Diese Zweifel muss der Arbeitgeber vor Gericht belegen bzw. beweisen, z. B. durch eine Nebentätigkeit während der Krankheit.

Der Arbeitnehmer muss darlegen, warum er nicht in der Lage gewesen ist, seinem Hauptarbeitsverhältnis nachzukommen, obwohl er seiner Nebentätigkeit nachgekommen ist. Wenn der Arbeitnehmer arbeitsunfähig krank gewesen ist und er trotzdem der Nebentätigkeit nachgekommen ist, so kann eine fristlose Kündigung erfolgen. Die fristlose Kündigung ist nur dann gerechtfertigt, wenn der Arbeitnehmer seine Genesung durch die Nebentätigkeit verzögert und sich die Zeit der Entgeltfortzahlung verlängert.

# 7. Entgeltfortzahlungspflicht bei Kuren

## 7.1 Anspruchsvoraussetzungen

Die Entgeltfortzahlung im Zusammenhang mit einer Maßnahme der Rehabilitation und der medizinischen Vorsorge wird im § 9 EFZG geregelt.

Bis zu einer Dauer von sechs Wochen haben Arbeitnehmer einen Anspruch auf Entgeltfortzahlung, die sie in einer Reha- bzw. Vorsorgeklinik verbringen. Dies setzt voraus, dass die Aufenthalte medizinisch notwendig sind. Der Anspruch auf Entgeltfortzahlung ist davon abhängig, ob die Maßnahme von einem Sozialleistungsträger bewilligt wurde, oder von einem Arzt verordnet worden ist und in einer geeigneten Einrichtung durchgeführt werden kann. Zudem ist zu differenzieren, ob der Arbeitnehmer in einer gesetzlichen Kranken- oder Rentenversicherung versichert ist (§ 9 Abs. 1 Satz 1) oder nicht in den o. g. Versicherungen versichert ist (§ 9 Abs.1 Satz 2 EFZG) und wer die Kosten für die Maßnahme trägt.

Solange der Arbeitnehmer nach Beendigung der Kur noch arbeitsunfähig ist, besteht der Anspruch auf Entgeltfortzahlung weiterhin.

## 7.2 Mitteilungspflichten

Der Arbeitnehmer ist dazu verpflichtet, den Arbeitgeber unverzüglich über den Zeitpunkt des Antritts der Maßnahme und der voraussichtlichen Dauer zu unterrichten. Diese Mitteilung kann formlos erfolgen.

Wenn der Arbeitnehmer den Zeitpunkt der Beginn der Maßnahme nach der Bewilligung der Maßnahme bzw. nach der ärztlichen Verordnung mitgeteilt bekommt, ist er dazu verpflichtet, den Arbeitgeber unverzüglich hierüber zu informieren (§ 9 Abs. 2 EFZG).

Sobald sich die Maßnahme zur Reha oder Vorsorge verlängert, ist der Arbeitnehmer auch hierzu verpflichtet, den Arbeitgeber unverzüglich zu informieren.

## 7.3 Schonungszeiten

Der § 9 des EFZG kennt im Gegensatz zum früheren § 7 Abs. 4 LFZG nicht mehr den Anspruch auf Fortzahlung des Arbeitsentgelts während einer ärztlich verordneten Schonungszeit. Die Schonungszeit schließt an eine stationäre Maßnahme an und besteht während der Arbeitsunfähigkeit. Damit der Arbeitnehmer im Anschluss an eine Maßnahme der medizinischen Vorsorge oder Reha trotzdem einen gewissen Zeitraum auf Erholung hat, wurde das Urlaubsrecht geändert (§ 7 Abs. 1 BUrlG).

## 8. Entgeltzahlung an Feiertagen

### 8.1 Begriff Feiertag

Nach § 2 Abs. 1 EFZG wird die Entgeltfortzahlung nur bei einem Arbeitsausfall infolge eines gesetzlichen Feiertages gewährt. Hiermit sind Feiertage gemeint, die durch Bundes- oder Landesgesetze festgelegt sind. Grundsätzlich besteht für diese Feiertage nach § 9 Abs. 1 ArbZG ein Arbeitsverbot. Hierzu zählen keine kirchlichen Feiertage. In einigen Bundesländern ist es jedoch geregelt, dass Arbeitnehmer nach Landesgesetzen Anspruch auf eine unbezahlte Freistellung von der Arbeit haben, um die Religion auszuüben.

### 8.2 Anspruch

In § 2 Abs. 1 des EFZG ist der Anspruch auf Entgeltfortzahlung des Arbeitnehmers an gesetzlichen Feiertagen geregelt. „Der Anspruch setzt neben der Zugehörigkeit zum anspruchsberechtigten Personenkreis voraus, dass die Arbeitszeit in Folge eines gesetzlichen Feiertags ausfällt." [3]

Der Betrag, den der Arbeitgeber zu zahlen hat, richtet sich grundsätzlich nach dem Entgeltausfallprinzip. Das bedeutet, dass der Arbeitnehmer sein Entgelt bekommen soll, welches er aufgrund seiner Arbeitsleistung (ohne den Feiertag) erhalten hätte. Der Anspruch auf Bezahlung für den Feiertag entfällt, wenn der Arbeitnehmer am letzten Arbeitstag vor bzw. am ersten Arbeitstag nach dem Feiertag unentschuldigt fehlt.

### 8.3 Höhe des Feiertagsentgelts

Arbeitnehmer haben grundsätzlich einen Anspruch auf das Arbeitsentgelt inklusive aller Bestandteile, das sie bekommen hätten, wenn sie gearbeitet hätten. Kurz gesagt bedeutet das, dass ein Feiertag wie ein normaler Arbeitstag bezahlt wird.

### 8.4 Arbeitsausfall an Feiertagen aus anderen Gründen

Es besteht nur ein Anspruch auf Bezahlung des Feiertags, wenn der Feiertag die wesentliche Ursache für den Arbeitsausfall ist. Es besteht kein Anspruch, wenn die Arbeit aus anderen Gründen, wie z. B. Freischicht oder Arbeitskampf, ausgefallen wäre. Dies gilt auch, wenn der Arbeitnehmer feste Bezüge erhält.

Folgender Grundsatz gilt: Der Arbeitnehmer soll durch einen Feiertag nicht geschädigt oder bereichert werden.

---

[3] Vgl. Schmitt, Jochem, Beck'sche Kommentare zum Arbeitsrecht -Entgeltfortzahlungsgesetz-, 5. Auflage, Verlag C.H. Beck, Seite 49

## 8.5 Feiertag und Krankheit

Wenn ein Arbeitnehmer an einem Feiertag zugleich erkrankt und arbeitsunfähig ist, dann gilt die Arbeitszeit infolge der Krankheit als ausgefallen. Deshalb hat der Arbeitnehmer nur einen Anspruch auf Entgeltzahlung im Krankheitsfall, jedoch keinen Anspruch auf Feiertagsbezahlung. In diesem Fall gibt es allerdings eine Sonderregel. Die Sonderregel sagt aus, dass sich die Höhe des fortzuzahlenden Arbeitsentgelts wie für einen Feiertag errechnet.

## 8.6 Feiertag und Kurzarbeit

In § 2 Abs. 2 EFZG ist das Zusammentreffen von einem gesetzlichen Feiertag und der Kurzarbeit geregelt. Wenn die Arbeitszeit gleichzeitig aufgrund eines Feiertags und Kurzarbeit ausfällt, so sieht der § 2 Abs. 2 EFZG vor, dass die Arbeit infolge des Feiertags ausgefallen ist.

# Quellenverzeichnis

Bundesministerium für Arbeit und Soziales, https://www.bmas.de/SharedDocs/Downloads/DE/PDF-Publikationen/a164-entgeltfortzahlung-bei-krankheit-und-an-feiertagen.pdf?__blob=publicationFile, 21.11.2017

Haufe Personal Office, https://www.haufe.de/personal/personal-office-premium/entgeltfortzahlung-anspruch-14-wartefrist_idesk_PI10413_HI569777.html, 26.11.2017

Schmitt, Jochem, Beck´sche Kommentare zum Arbeitsrecht Entgeltfortzahlungsgesetz 5. Auflage, Verlag C.H. Beck, 20.11.2017

w

# BEI GRIN MACHT SICH IHR WISSEN BEZAHLT

- Wir veröffentlichen Ihre Hausarbeit, Bachelor- und Masterarbeit

- Ihr eigenes eBook und Buch - weltweit in allen wichtigen Shops

- Verdienen Sie an jedem Verkauf

Jetzt bei www.GRIN.com hochladen und kostenlos publizieren